Ich und der liebe Gott

erzählt von
Angelika Stampfer

mit Bildern von
Betina Gotzen-Beek

Herder
Freiburg · Basel · Wien

Nina sitzt auf dem lieben Gott

Nina liegt im Bett und schaut zum Fenster raus. Es ist schon fast dunkel, aber Nina sieht noch den Baum davor. Felix kramt in seiner Schultasche. Felix ist Ninas Bruder. Er geht in die zweite Klasse und ist sehr stolz darauf, dass er schon so viel mehr weiß, als Nina. Felix schließt die Schultasche und klettert in das Bett über Nina. Dann macht er das kleine Lämpchen aus. Auch darauf ist er stolz, denn damit kann er noch lesen, wenn Nina schon schläft. Manches Mal schläft er jedoch vor Nina ein, und wenn Nina das am nächsten Morgen sagt, behauptet Felix: „Ich hab nur nachgedacht, das kann man am besten im Dunkeln."

Nina denkt auch nach. Kuschelig im Bett liegen und nachdenken, das mag Nina besonders gern. Und wenn sie mit dem Denken nicht weiterkommt, kann sie Felix fragen. „Wo ist der liebe Gott jetzt?", will Nina wissen. „Hm?", brummt Felix. „Wo ist der liebe Gott jetzt?", wiederholt sie. Felix lässt sich Zeit mit seiner Antwort. Das kennt Nina schon, und es macht ihr gar nichts aus zu warten.

Beim Denken kann Nina sehr geduldig sein, aber nur dabei, ansonsten ist Nina gar nicht geduldig. „Überall", sagt Felix schließlich. „Das geht nicht", erklärt Nina sofort. „Ich kann auch nicht im Kindergarten und zu Hause sein." „Du bist auch nicht der liebe Gott", meint Felix. „Blöde Antwort", sagt Nina. Manches Mal redet Felix daher wie Claudia, das ist die einzige Kindergärtnerin, die Nina nicht mag. „Pass auf", beginnt Felix. Nina spitzt die Ohren. Wenn Felix „pass auf" sagt, kommt eine längere Erklärung. „Das ist so ... so wie mit dem Strom. Der ist auch immer da ... er ist immer in der Leitung, bei uns und bei den Nachbarn und bei Tante Lisa, überall ... ich brauch nur anzuknipsen und er ist in der Lampe. Siehst du?"

Felix knipst das Licht an und aus.

„Dann kann man den lieben Gott auch anknipsen?"

6

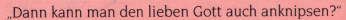

Nina zweifelt. Dass der liebe Gott so etwas wie Strom sein soll, kommt ihr komisch vor. „Nein", sagt Felix, „er ist einfach da. Es ist wie mit der Luft, die ist immer um dich rum, auch wenn du sie nicht siehst und um mich genauso, auch wenn ich in der Schule bin und du im Kindergarten und ..."
„Lass nur", unterbricht Nina. „Ich weiß schon."
Das versteht nun Felix wieder nicht. „Was?", fragt er.
Nina denkt an den Baum vor dem Fenster, auf den sie so gerne klettert.
„Jetzt wo's finster ist, sehe ich den Baum nicht, aber er ist trotzdem da. Und wenn ich drauf sitze, mir aber vorstelle, dass du gerade in der Schule an der Tafel stehst, sehe ich den Baum gar nicht, weil ich nicht dran denke, obwohl ich auf dem Baum bin. Aber wenn ich an den Baum denke ist er da. Und mit dem lieben Gott ist es genauso." Felix lässt sich Ninas Erklärung durch den Kopf gehen. „Du hast Recht", meint er schließlich, „genauso ist das." Und dann kichert er, weil er sich vorstellt, wie Nina auf dem lieben Gott sitzt.
Aber das hört Nina nicht mehr, sie ist schon eingeschlafen.

Mag der liebe Gott immer die gleichen Gedichte?

Nina liegt im Bett und hat die Augen zu. Felix sitzt am Schreibtisch und macht die letzte Rechnung der Hausaufgabe. „Du darfst Mama wirklich nichts sagen", sagt er. Normalerweise erledigt Felix die Hausaufgaben gleich nach dem Mittagessen, aber heute hat er es vergessen. „Hast du gehört?", will er wissen, weil Nina keine Antwort gibt. „Ja", murmelt sie. „Schläfst du schon?", fragt Felix. Es ist ungewöhnlich, dass Nina die Augen zu hat, solange Felix noch nicht im Bett ist. Aber wieder gibt Nina keine Antwort, stattdessen murmelt sie vor sich hin. Was sie da brabbelt kann Felix aber nicht verstehen, und so packt er seine Schultasche ein und klettert in das Bett über Nina. Dann knipst er das Licht aus.

Jetzt ist Nina still, aber sie schläft noch nicht. Sie hat die Augen auf und denkt nach. Das ist im Bett am schönsten. „Felix?", sagt sie schließlich. „Hm", brummelt es von oben. „Mag der liebe Gott immer die gleichen Gedichte hören?" Felix versteht nicht, was Nina meint. „Wieso Gedichte, welche Gedichte?" Manches Mal ist Felix wirklich schwer von Begriff. Ungeduldig erklärt Nina: „Die, die wir immer aufsagen. Ich geh jetzt zur Ruh, schließe meine Augen zu. Lieber Gott, gib auf mich Acht und Gute Nacht." Felix kichert: „Das ist kein Gedicht, das ist ein Gebet." Dass Felix lacht, ärgert Nina. „Gar nicht wahr, wenn es sich reimt, ist es ein Gedicht. Hast du selber gesagt", faucht sie wütend. Felix muss zugeben, dass Nina Recht hat. „Stimmt auch wieder", sagt er und: „Komm sei nicht sauer." Es ist wirklich blöd zu lachen, wenn einen jemand etwas fragt. Sobald Felix sich entschuldigt, ist für Nina alles wieder gut. Und jetzt sagt er auch noch: „Pass auf." Nina spitzt die Ohren.

„Es ist so", erklärt Felix, „es gibt Gebete, die reimen sich, und andere,
die reimen sich gar nicht, wie das Vater Unser zum Beispiel." Nina denkt nach,
das Vater Unser kann sie noch nicht ganz, das ist so lang. „Es reimt sich nicht,
aber es ist trotzdem immer das Gleiche", kommt Nina auf ihre Frage zurück.
Felix seufzt. Dass Nina es aber auch immer ganz genau wissen muss.
„Vielleicht ist es deswegen, weil die Leute ...", fängt er an, aber Nina
unterbricht ihn. „Ich weiß, es ist wie mit den Liedern im Kindergarten. Wenn ich
den Text nicht kann, kann ich auch nicht mitsingen." Felix schmunzelt.
„Du hast wieder einmal Recht", meint er. Aber Nina ist noch nicht fertig
mit Nachdenken. „Ich glaube, der liebe Gott mag das. Ich will ja auch immer
die gleichen Geschichten hören, und die Märchen haben alle den gleichen
Anfang", sagt Nina entschieden, „und für den lieben Gott ist das bestimmt
genauso." Felix überlegt. So ganz richtig kommt ihm das nicht vor.
„Ich weiß nicht, beim lieben Gott ist es vielleicht doch anders."
Aber das hört Nina nicht mehr, sie ist schon eingeschlafen.

Nina und die Tapferkeit

Nina sitzt in einer großen Plastikwanne im Garten. Sie planscht herum und singt: „Alle meine Entchen schwimmen auf dem Meer, schwimmen auf dem Meer." Seit Tagen ist es sehr heiß, aber Nina macht das nichts aus. Sie kann gar nicht genug Sonne kriegen und freut sich schon auf die Ferien. Es soll ans Meer gehen, nach Italien und Nina ist schon schrecklich neugierig. Sie war noch nie so weit weg. Bald ist es so weit, ein paar Tage muss Felix noch in die Schule gehen, und dann fahren sie los.

Nina rutscht ein bisschen tiefer in die Wanne und taucht unter. Sie drückt auch den Plastikfisch unter Wasser und spielt Baden im Meer. Plötzlich zupft etwas am großen Zeh. Erschrocken taucht Nina auf und schaut direkt in Felix grinsendes Gesicht. Sie will den großen Bruder anfauchen, aber dann fällt ihr etwas besseres ein. Sie schnappt das Eimerchen, das in der Wanne liegt und kippt Felix Wasser über die Füße. Der springt zur Seite und schimpft.

„Spinnst du, jetzt sind meine Schuhe ganz nass." Daran hat Nina nicht gedacht und will sich entschuldigen. Aber Felix lacht schon wieder, zieht Schuhe, Hemd und Hose aus und steigt zu Nina in die Wanne. Nina guckt zu und plötzlich fällt ihr ein, was heute Vormittag im Kindergarten passiert ist. „Felix?"

„Hm", murmelt Felix und lässt sich ins Wasser gleiten. „Was heißt Tapferkeit?" Felix kichert. „Wenn man sich was traut", sagt er und bespritzt Nina.

Aber Nina hat jetzt keine Zeit zum Rumalbern. „Hör auf", sagt sie unwillig. Felix lässt die Spritzerei sein und denkt nach. Es will ihm aber nicht einfallen, was er im Religionsunterricht darüber gelernt hat. „Das ist eine Tugend ... und ... und es soll heißen ... es ist ...", Felix stockt. „Ist das so etwas wie eine Mutprobe?", hakt Nina nach.

Felix schüttelt den Kopf. „Nein, mit einer Mutprobe hat das nichts zu tun, da will man nur den anderen was beweisen", erklärt er. „Tapferkeit ist ...", weiter kommt Felix nicht, denn Nina ist wieder einmal schneller mit dem Denken. „Ich weiß schon", platzt sie raus. „Tapfer sein heißt, wenn man sagt und tut, was richtig ist, auch wenn man allein dabei ist und Angst hat. So wie die Cydem." Felix weiß nicht, wovon Nina spricht. „Wieso?" Jetzt erzählt Nina die ganze Geschichte. „Der Hansi hat heute eine kleine Katze gefangen und am Schwanz festgebunden. Alle haben zugeguckt, aber keiner hat was gemacht, weil sie alle Angst haben vor dem Hansi. Da ist die Cydem hingegangen, hat ihm eine geknallt und die Katze freigelassen. Die Cydem hat auch Angst gehabt vor ihm, aber sie hat es trotzdem gemacht.

Das war tapfer, ist doch logisch, oder?"

Felix nickt heftig, „Echt logisch und echt tapfer."

Der liebe Gott und der Donner

Nina liegt im Bett, aber nicht in ihrem, sondern oben in Felix Bett. Sie macht sich so klein wie möglich und zieht die Decke über den Kopf. Nur ein kleines Loch lässt sie frei, damit sie noch Luft kriegt. Felix ist noch schnell runter zu Papa, was fragen. Und gerade als er zur Tür raus ist, hat es gedonnert. Da hat sich Nina blitzschnell in Felix Bett verkrochen. Sie hat Angst vor Gewittern. Felix weiß das, und deshalb darf Nina dann zu ihm nach oben kommen. Aber heute haben sie gezankt und nun fürchtet Nina, dass Felix dieses Mal nein sagt.

Felix kommt zurück und packt die Schultasche. Er merkt gar nicht, dass Nina nicht in ihrem Bett liegt. Felix summt vor sich hin. Er hat von Papa fünf Mark extra bekommen, weil er im Diktat eine Eins geschrieben hat. Felix wirft das Geldstück in die Sparbüchse, dann klettert er hoch in sein Bett. In dem Moment donnert es wieder. Nina erschrickt und schreit auf. Felix hebt die Decke hoch.

Nina guckt Felix mit aufgerissenen Augen an. Sie hat große Angst. Und sie tut Felix leid. „Komm", sagt er und macht Platz, so dass Nina sich rankuscheln kann. „Du bist lieb", flüstert sie und drückt sich an ihren großen Bruder. „Scht, ist schon gut, musst keine Angst haben", versucht Felix, sie zu beruhigen. Er hat den Zank längst vergessen. Felix knipst das Licht aus.

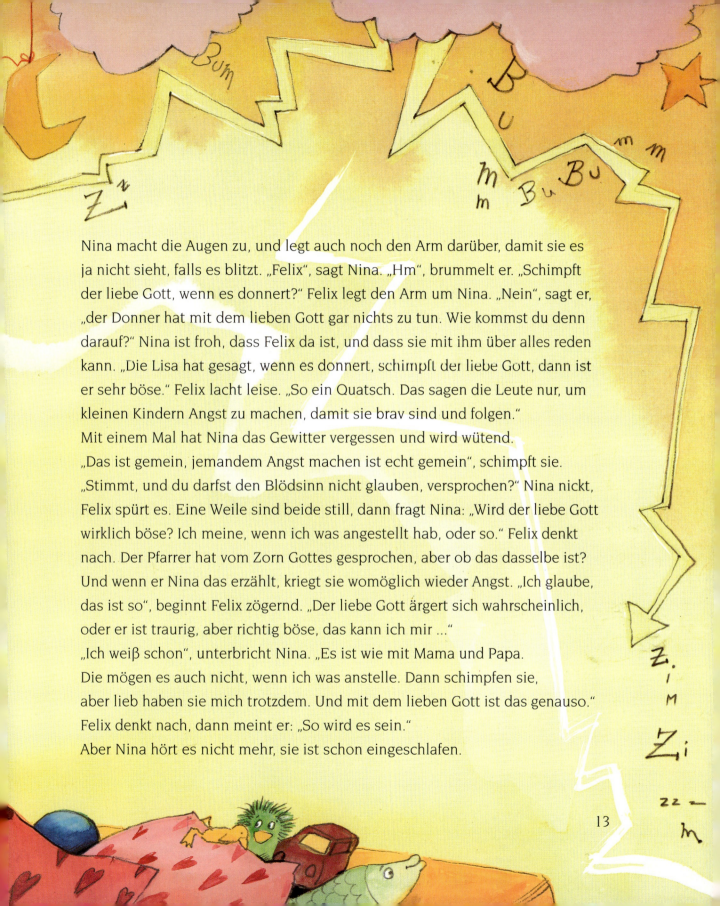

Nina macht die Augen zu, und legt auch noch den Arm darüber, damit sie es ja nicht sieht, falls es blitzt. „Felix", sagt Nina. „Hm", brummelt er. „Schimpft der liebe Gott, wenn es donnert?" Felix legt den Arm um Nina. „Nein", sagt er, „der Donner hat mit dem lieben Gott gar nichts zu tun. Wie kommst du denn darauf?" Nina ist froh, dass Felix da ist, und dass sie mit ihm über alles reden kann. „Die Lisa hat gesagt, wenn es donnert, schimpft der liebe Gott, dann ist er sehr böse." Felix lacht leise. „So ein Quatsch. Das sagen die Leute nur, um kleinen Kindern Angst zu machen, damit sie brav sind und folgen."

Mit einem Mal hat Nina das Gewitter vergessen und wird wütend.

„Das ist gemein, jemandem Angst machen ist echt gemein", schimpft sie.

„Stimmt, und du darfst den Blödsinn nicht glauben, versprochen?" Nina nickt, Felix spürt es. Eine Weile sind beide still, dann fragt Nina: „Wird der liebe Gott wirklich böse? Ich meine, wenn ich was angestellt hab, oder so." Felix denkt nach. Der Pfarrer hat vom Zorn Gottes gesprochen, aber ob das dasselbe ist? Und wenn er Nina das erzählt, kriegt sie womöglich wieder Angst. „Ich glaube, das ist so", beginnt Felix zögernd. „Der liebe Gott ärgert sich wahrscheinlich, oder er ist traurig, aber richtig böse, das kann ich mir ..."

„Ich weiß schon", unterbricht Nina. „Es ist wie mit Mama und Papa. Die mögen es auch nicht, wenn ich was anstelle. Dann schimpfen sie, aber lieb haben sie mich trotzdem. Und mit dem lieben Gott ist das genauso." Felix denkt nach, dann meint er: „So wird es sein."

Aber Nina hört es nicht mehr, sie ist schon eingeschlafen.

13

Kann der liebe Gott auch lachen?

Nina liegt im Bett und lässt den Fuß raushängen. Felix räumt wie jeden Abend seine Schulsachen ein. Wenn er an Nina vorbeigeht, stubst sie ihn mit dem Fuß. „Lass das", warnt Felix. Er sucht das Lesebuch und hat keine Lust, mit Nina rumzualbern. Aber Nina hört nicht auf. Immer wieder stubst sie Felix. Da wird es ihm zu bunt. Er packt das Bein und kitzelt Nina an der Fußsohle. Nina lacht. „Hör auf", japst sie. Aber jetzt hört Felix nicht auf, bis Nina vor lauter Lachen keine Luft mehr kriegt. Da gibt er endlich Ruhe.

Nina versteckt schnell den Fuß unter der Bettdecke. „Du bist gemein", sagt sie, aber es ist nicht ernst gemeint. Felix hat das Buch gefunden, packt es in die Schultasche und klettert in das Bett über Nina. Dann knipst er das Licht aus. Nina liegt mit offenen Augen da. Sie denkt nach. „Felix?", sagt sie nach einer Weile. „Hm", brummt er von oben. „Kann der liebe Gott auch lachen?" Felix kichert, es ist komisch, sich den lieben Gott lachend vorzustellen. Nina wartet. „Nein", behauptet Felix schließlich, „der liebe Gott lacht nicht."

„Wieso nicht?", will Nina wissen. Sie ist mit Felix Antwort gar nicht zufrieden. „Ich lach doch auch", meint sie, „auch ohne kitzeln." Felix denkt angestrengt nach. Im Religionsunterricht hat der Pfarrer schon viel über den lieben Gott erzählt, aber dass er lachen kann, davon war noch nie die Rede. „Weil er keine Zeit dafür hat", meint Felix dann. Keine Zeit ist immer ein guter Grund.

Nina überlegt, die Mama und der Papa haben manches Mal auch keine Zeit. Aber für den lieben Gott kann das nicht stimmen. „Wenn er immer und überall sein kann, muss er genug Zeit haben", erklärt Nina. „Wo du Recht hast, hast du Recht", murmelt Felix. Das sagt Papa auch immer, wenn er nicht mehr weiter weiß. Nina lässt nicht locker. „Also, was ist?

Kann er, oder kann er nicht?" Felix mag nicht mehr nachdenken, er will schlafen.
„Denk selber nach", brummelt er unfreundlich. „Ich weiß schon", sagt Nina.
„Er kann." Das will Felix nun doch wissen. „Wieso?" „Ist doch ganz einfach",
meint Nina. „Weil er sich freut." Das versteht Felix erst recht nicht. „Wieso?",
fragt er wieder. Nina wird ungeduldig, manches Mal stellt Felix sich wirklich
dumm an. „Weil ich den lieben Gott lieb hab. Und weil er lieber Gott heißt.
Und wenn jemand lieb ist, dann lacht er auch, ist doch logisch." Jetzt lacht
auch Felix. „Ist doch logisch." Aber Nina hört es nicht mehr, sie ist
schon eingeschlafen.

Reden mit dem lieben Gott

Nina liegt im Bett und gähnt. Sie ist müde und würde am liebsten die Augen zumachen. Aber dann würde sie bestimmt einschlafen, und sie muss Felix unbedingt noch etwas fragen. Er liegt schon im Bett, aber das Licht ist noch an. Felix liest halblaut im Lesebuch. Er übt freiwillig, morgen kommt er nämlich dran mit Vorlesen. Und er will gut lesen, dann darf er sich von der Lehrerin was wünschen. Felix möchte gerne in dem Theaterstück, das die Klasse zu Weihnachten aufführen wird, den Erzengel Gabriel spielen. Vielleicht darf er, wenn die Lehrerin hört, wie gut er vorlesen kann. Nina gähnt ganz laut. Felix soll es hören. Aber er blättert nur um und murmelt weiter. Endlich klappt er das Buch zu. Dann knipst er das Licht aus.

Nina wartet nicht lange, sonst fallen ihr noch die Augen zu. „Felix", sagt sie laut. „Hm", kommt es von oben. „Kann man mit dem lieben Gott reden?"

Felix antwortet sofort. „Klar. Wenn du betest, redest du mit ihm." Das hat der Pfarrer im Religionsunterricht erklärt. Aber Nina ist damit nicht einverstanden. „Quatsch", platzt sie raus. „Wenn ich mit dir rede, sage ich auch nicht was auf, was ich auswendig gelernt habe." Felix kichert. „Das wär aber lustig." Mit einem Mal ist Nina hellwach. Sie findet das gar nicht komisch.

16

„Du bist ganz schön blöd", schimpft sie. Meistens kann sie mit Felix richtig vernünftig reden, aber manches Mal ist er einfach ekelhaft. Felix mag heute nicht über Ninas Fragen nachdenken. Sein Kopf ist noch immer beim Vorlesen. „Denk selber nach", sagt er unfreundlich.

„Hab ich schon", erklärt Nina patzig. „Und?", will Felix nun doch wissen. Aber jetzt lässt Nina Felix zappeln. Eine Weile sagen beide nichts. Schließlich erklärt Nina trocken: „Man kann."

„Sag ich doch, mit Gebeten", gibt Felix zurück.

„Eben nicht, auch ganz anders", erwidert Nina. Felix wird neugierig, aber er tut so, als interessiere ihn das nicht. „Pha, was du dir wieder ausdenkst." Nina will es ihm erklären. „Pass auf", fängt sie an, wie sonst immer Felix. „Ich kann mit dem lieben Gott reden, genauso wie mit dir und Mama und Papa." Felix glaubt es nicht. „Und gibt er Antwort?" Darauf hat Nina nur gewartet. „Ja, mir schon."

„Gar nicht wahr", sagt Felix. „Doch", behauptet Nina, „es ist so, wenn ich was gesagt hab, muss ich ganz still sein, dann höre ich es. Wenn ich zu Mama sage, ich hab dich lieb, sagt sie, ich dich auch. Und mit dem lieben Gott ist es genauso." Felix ist ruhig, er horcht. Und mit einem Mal sagt er: „Stimmt. Mit mir auch." Aber das hört Nina nicht mehr, sie ist schon eingeschlafen.

Warum braucht der liebe Gott ein so großes Haus?

Nina wurschtelt mit ihrer Bettdecke rum. Sie baut eine Höhle, kriecht rein, wieder raus und baut die Höhle um. Sie nimmt auch noch das Kissen dazu und die kleine Wolldecke vom Teddy. Dann kriecht Nina wieder in die Höhle, jetzt passt sie. Felix kümmert sich nicht um Nina, er packt die Schulsachen ein. Nina krabbelt wieder raus aus der Höhle, sie hat den Teddy vergessen. „Was soll das?", sagt Felix. Langsam geht ihm Ninas Deckengewurschtle auf die Nerven. „Ich hab eine Höhle gebaut", erklärt Nina. „Schau, sie ist so klein und gemütlich." Nina krabbelt mit dem Teddy wieder rein. „Aber schlafen kannst du nicht da drinnen", meint Felix. „Und wenn ich das Licht ausmache, ist Ruhe." Felix ist fertig mit Einpacken und steigt in das Bett über Nina. Ausstrecken kann sich Nina in der Höhle wirklich nicht, also baut sie die Höhle wieder ab und legt sich ganz normal zum Schlafen hin. Felix knipst das Licht aus. Nina liegt still und ganz gerade. Aber sie ist noch gar nicht müde. Sie schaut in die Dunkelheit und denkt nach. „Du, Felix?", sagt Nina. „Hm", brummt es von oben. „Warum braucht der liebe Gott so ein großes Haus?" Felix muss nicht lange überlegen. „Damit die Leute dort beten können." „Das kann man auch zu Hause", meint Nina. „Mama hat gesagt, es ist nicht wichtig wo man betet, wichtig ist nur, dass man überhaupt betet." Felix schweigt. Nina wartet. „Warum", fragt sie nach einer Weile wieder. „Pass auf", sagt Felix und Nina spitzt die Ohren. „Also, das mit dem Beten, da hast du Recht, aber … Ich glaube … Es ist vielleicht so … Es ist, damit der Pfarrer daneben wohnen kann." Nina kichert, das mit dem Pfarrer ist irgendwie komisch. Jetzt lacht auch Felix. „Ich glaube, das war Blödsinn", sagt er. Und dann weiß er warum. „Damit man da die Heilige Messe feiern kann."

Das leuchtet Nina ein. Sie geht gern in die Messe, sie mag die Musik und die Kerzen und den Geruch. Trotzdem ist Nina mit Felix Antwort noch nicht zufrieden. „Die Messe kann man auch woanders feiern. Da wo wir letztes Mal im Konzert waren, da ist auch manchmal Messe." Felix seufzt. Wenn Nina nachdenkt, kann sie recht anstrengend sein. Und irgendwie hat sie auch meistens Recht, mit dem was sie sagt. „Dann weiß ich es auch nicht", sagt Felix brummig. „Aber ich", erklärt Nina fröhlich. „Weil der liebe Gott gerne Besuch hat. Wenn wir Besuch kriegen ist es so eng, dass man gar nicht mehr sitzen kann. Und der liebe Gott bekommt bestimmt noch viel, viel mehr Besuch als wir, oder?

Und deswegen braucht er so ein großes Haus." Felix kichert leise. „Ja, das wird der Grund sein." Aber Nina hört es nicht mehr, sie ist schon eingeschlafen.

Der liebe Gott und die Engel

Nina liegt im Bett und knabbert an einem Keks. „Magst du?", nuschelt sie. Felix holt sich einen, „Wo hast du die denn her?" Nina gibt keine Antwort. Sie hat am Nachmittag beim Backen geholfen und dabei schon eine Menge Teig genascht. Deswegen hat ihr Mama nur ein paar Stück zum Probieren gegeben. Nachdem Nina auch die aufgefuttert hatte, hat Mama ihr verboten noch welche mit aufs Zimmer zu nehmen. „Stibizt?", fragt Felix. Nina nickt mit vollem Mund und hält ihm die Hand mit den restlichen Keksen hin. „Für dich", sagt sie. „Schlingel", meint Felix. Er freut sich, dass Nina an ihn gedacht hat, aber ganz glaubt er ihr nicht. Mama hat ihm nämlich selbst schon welche gegeben. Trotzdem mampft er genüsslich Ninas Kekse. Danach packt er die Schultasche fertig ein und klettert in das Bett über Nina.

„Das Zähneputzen sparen wir uns heute." Dann knipst er das Licht aus. Nina ist rundum zufrieden. Sie dreht sich auf die Seite und sieht Felix weißes Kostüm. Es schimmert selbst im Dunkeln. Felix darf beim Weihnachtsspiel tatsächlich den Erzengel Gabriel spielen. „Felix?", sagt Nina.

„Hm", brummt es von oben.

„Wozu sind Engel da?"

„Damit sie dem lieben Gott was vorsingen", antwortet Felix prompt. Denn das ist seine Aufgabe in dem Weihnachtsspiel. Nina kichert: „Nur zum Singen?" Da lacht auch Felix. „Ich glaub, das war Blödsinn.

Ich hab an unser Theaterstück gedacht." Dann überlegt er kurz.
„Engel sind die Postboten vom lieben Gott", erklärt er feierlich. „Sie verkünden den Menschen Gottes Willen."

Felix findet, dass er das sehr gut gesagt hat, fast so gut wie der Pfarrer. Aber Nina meint bloß: „Das glaub ich nicht. Der liebe Gott kann selber reden."

Da ist Felix beleidigt. „Spiel ich einen Engel, oder du? Und wenn du sowieso alles besser weißt, brauchst du mich gar nicht erst zu fragen."

Nina versteht nicht, warum Felix eingeschnappt ist. „Aber … Ich hab doch nur …", stottert sie. „Ich wollt dich nicht ärgern, ich hab nur laut nachgedacht."

„Falsch gedacht", gibt Felix patzig zurück. Eine Weile sagen beide nichts.

Dann versucht Nina Felix zu versöhnen. „Du hast sicher Recht."

Felix antwortet nicht. „Aber ich glaube", fährt Nina fort, „sie sind auch noch für was anderes da." Felix kann nie lange beleidigt sein, außerdem möchte er wissen, was Nina meint. „Wofür?", fragt er. „Damit sie uns beschützen." Mama hat zu Nina schon oft gesagt, du hast einen Schutzengel. „Der liebe Gott würde gar nicht nachkommen, wenn er uns immer alle beschützen müsste. Und weil ich mit dem Fahrrad so schnell fahren kann, muss der Schutzengel auch sehr schnell fliegen können, sonst bleibt er hinten, und ist nicht da, wenn ich ihn grad brauch, oder?" Dieses Mal sagt Nina nicht, ist doch logisch, sie will Felix nicht nochmal ärgern. Felix schmunzelt. „Ist doch logisch", behauptet er nun. Aber Nina hört es nicht mehr, sie ist schon eingeschlafen.

Der liebe Gott und der Urlaub

Nina liegt im Bett und schaut aus dem Fenster. Es ist schon lange dunkel. Trotzdem sieht Nina den Baum davor. Es ist Vollmond und eine sternenklare Nacht. In dem weißen Mondlicht sieht der Baum ein bisschen gruselig aus. Nina krabbelt nochmal aus dem Bett und geht ans Fenster. „Hey, hey, hey", sagt Felix. Er ist eben beim Schultasche einräumen. Nina guckt in den Himmel. „So viele Sterne", staunt sie. Felix stellt sich neben Nina. „Toll was?", meint er. Nina nickt. „Wenn einer runterfällt, musst du dir ganz schnell was wünschen. Das geht dann in Erfüllung", erzählt Felix. „Die fallen runter?" Nina ist das nicht ganz geheuer. „Nicht auf die Erde, das sagt man nur so", beruhigt Felix seine Schwester. „Da", schreit Nina. Auch Felix sieht die Sternschnuppe. Als sie verloschen ist, sagt Nina: „Soll ich dir verraten, was ich mir gewünscht habe?" „Nein, sonst geht es nicht in Erfüllung. Und jetzt ab ins Bett." Nina krabbelt zurück unter die Decke, Felix klettert in das Bett über Nina. Dann knipst er das Licht aus. Nina schaut weiter zum Fenster raus. Gemütlich ist das, im Bett liegen, in den Himmel gucken und nachdenken. Aber Nina kommt nicht weiter mit dem Denken. „Felix?", sagt sie. „Hm", brummelt es von oben. „Ob der liebe Gott jetzt zu Hause ist?" Die Frage versteht Felix nicht. „Zu Hause? Der liebe Gott ist überall, also ist er auch überall zu Hause." Das weiß Nina, darüber hat sie mit Felix vor einiger Zeit gesprochen. Ungeduldig erklärt sie: „Schon, aber im Himmel muss er besonders zu Hause sein. Weil nämlich, die Lisa hat mir ein Bild gezeigt, wo der liebe Gott im Himmel sitzt. Und sie hat gesagt, dass ihre Tante gestorben ist und bald beim lieben Gott im Himmel wohnen wird. Also muss er doch da zu Hause sein." Das ist wieder eine typische Ninafrage. Felix denkt nach. „Pass auf", sagt er, „das mit dem Himmel ist so:

Früher, da hat es noch keine Flugzeuge gegeben und da haben die Leute geglaubt, dass er wirklich dort oben wohnt. Also, sie haben sich das so vorgestellt."

„Und heute glauben sie das nicht mehr?", will Nina sofort wissen. Dass der liebe Gott wegen der Flugzeuge nicht mehr im Himmel wohnen soll, mag Nina wiederum nicht glauben. Felix seufzt, warum klingt alles so einfach, wenn der Pfarrer darüber spricht, und wird alles so kompliziert, wenn er Nina das erklären will? Nina wartet auf Antwort, aber es dauert ziemlich lange, bis Felix fortfährt. „Nein, man weiß ja, dass das nur Luft ist, und da drauf kann man nicht ...", weiter kommt Felix nicht. „Ich weiß schon", unterbricht ihn Nina. „Er wohnt nämlich trotzdem da. Wenn er überall zu Hause ist, ist er auch im Himmel zu Hause. Vielleicht ist er manches Mal im Urlaub, so wie wir. Aber der liebe Gott weiß bestimmt, dass die Tante kommt, und dann ist er sicher daheim. Wir kommen ja auch immer wieder nach Hause, und der liebe Gott macht es genauso, ist doch logisch, oder?" Irgendetwas ist an Ninas Erklärung gar nicht logisch, aber Felix kommt nicht dahinter was. „Wenn du meinst", brummelt er deshalb nur. Aber Nina hört es nicht mehr, sie ist schon eingeschlafen.

Nina und das vierte Gebot

Nina steht in der Küche und schaut auf die Straße. Wo bleiben denn Mama und Papa? Sie geht nochmal zum Tisch, rückt da einen Teller zurecht, dort eine Gabel. Nina hat gedeckt, ganz allein, als Überraschung. Blumen fehlen noch. Aber wo Blumen hernehmen, mitten im Winter? Da kommt Nina eine Idee. Sie saust ins Wohnzimmer, schnappt sich Papier und Stifte, und fängt an, einen Blumenstrauß zu malen. Aber das dauert! Und wenn Mama und Papa gleich kommen? Nina hat eine bessere Idee. Sie nimmt den Topf mit den Veilchen vom Fensterbrett und stellt ihn mitten auf den gedeckten Tisch. Ja, so ist es schön. „Na sowas", staunt Felix. Dann nimmt er sich einen Schokoriegel und mampft genüsslich. „Hab schon solchen Hunger", sagt er, weil Nina ihn strafend ansieht. Mama schimpft immer, wenn sie vor dem Essen naschen. Nina packt Felix an der Hand und zieht ihn auf die Eckbank. „Was heißt: Wohlergehe auf Erden?" Dieses Mal weiß Felix sofort, worum es geht. „Du sollst Vater und Mutter ehren, damit du lange lebest und es dir wohlergehe auf Erden", sagt er stolz das vierte der zehn Gebote auf. Nina nickt heftig. Sie hat ein ungutes Gefühl im Bauch, obwohl sie den Tisch gedeckt hat. „Zoff gehabt?", fragt Felix. Nina schießen die Tränen in die Augen. „So schlimm?" Wieder nickt Nina. Da nimmt Felix sie in den Arm. „Hab zur Mama, 'blöde Kuh' gesagt", schnieft Nina. „Oje." Felix holt ein Taschentuch heraus. „Da schnäuz dich." Nina trompetet in das Tuch. „Na, jetzt ergeht es dir nicht wohl auf Erden", meint er dann trocken. Als Nina gleich wieder zu weinen anfangen will, beruhigt er sie. „Ich glaube, wenn du dich bei Mama entschuldigst, ist sie sicher nicht mehr böse." Das hofft Nina auch, aber wer weiß. Und noch etwas muss Nina wissen.

„Wenn ich die Mama lieb hab, ehre ich sie dann?" Felix denkt nach, so genau
hat der Religionslehrer das auch nicht erklärt. „Ich weiß nicht so recht."
Aber Nina weiß es. „Doch, ganz bestimmt. Weil nämlich, wenn mich der liebe
Gott lieb hat, dann ist das doch ein Geehre für mich." Felix schmunzelt und will
etwas sagen. Aber er kommt nicht mehr dazu. Mama und Papa kommen nach
Hause. Nina rennt Mama entgegen. Schon von weitem schreit sie,
„Mama, ich ehre dich lieb und ... und ..."
Dann stockt sie. „Bitte entschuldige",
setzt sie leise hinzu.
Mama nimmt Nina auf den Arm.
„Schon geschehen", sagt sie lächelnd
und gibt Nina einen dicken Kuss.

Nina und der freie Wille

Nina kriecht im Wohnzimmer unter dem Tisch herum. Sie sucht einen Teil vom Puzzle, findet ihn aber nicht. Felix kümmert sich nicht darum, er ist in ein Buch vertieft. „Hilf mir", bettelt Nina, erhält aber keine Antwort. Nach einer Weile gibt Nina die Suche auf. Sie holt sich einfach andere Spielsachen. Erst den Teddy, dann das Lego, ein paar Puppen und zuletzt die Eisenbahn. Sie spielt mal mit dem einen, mal mit dem anderen und richtet ein ziemliches Chaos an. Sie guckt immer wieder zu Felix, aber der macht keine Anstalten, das Buch wegzulegen. Nina wartet, sie weiß, es hat keinen Zweck, ihn beim Lesen zu stören, da hört er gar nicht richtig hin. Endlich klappt er das Buch zu und legt es beiseite.

„Felix?", sagt Nina. Aber Felix träumt mit offenen Augen und gibt keine Antwort. „Felix!", sagt Nina nun schon einiges energischer. „Hm", brummelt er noch immer geistesabwesend. „Was heißt das: der freie Wille des Menschen?", will Nina wissen. „Du und deine Fragen", murmelt Felix unwillig. Er hat nicht die geringste Lust, jetzt darüber nachzudenken. Nina lässt nicht locker. „Heißt das, dass ich tun kann, was ich will?" „Ja, nein ...", sagt Felix, dann schnaubt er durch die Nase. Jetzt weiß Nina, dass sie ihn doch zum Nachdenken gebracht hat und wartet, dass er weiterspricht. „Pass auf", fordert Felix Nina auf, „das bedeutet, dass man selbst entscheiden ..." Aber Nina ist wieder einmal schneller und unterbricht ihn. „Ich weiß schon", sagt sie. „Es ist wie mit Mama und mir. Mama sagt, ich soll aufräumen, aber wenn ich nicht will, tu ich es nicht. Dann sagte sie, wie du willst, aber ich merk, dass es ihr nicht recht ist. Manches Mal, räum ich dann auf, aber manches Mal eben nicht. Und mit dem lieben Gott ist es genauso."

Felix kann nicht einsehen, was der liebe Gott mit dem Aufräumen zu tun hat. Zweifelnd sieht er Nina an. Aber Nina ist auch noch nicht zu Ende mit ihrer Erklärung. „Der liebe Gott mag es, wenn ich an ihn denke, in die Kirche gehe und so. Aber er lässt mich machen, wie ich will, weil er will, dass ich selber will. Ist doch logisch, oder?" Felix denkt eine Weile nach, dann meint er: „Wie du es nur schaffst, immer auf alles draufzukommen." Nina ist stolz auf dieses Lob, aber dann fällt ihr das Durcheinander auf dem Fußboden ein, und schnell bittet sie Felix: „Hilfst du mir beim Aufräumen?"

Der liebe Gott und das Radio

Nina liegt im Bett, kerzengerade, auf dem Rücken. Sie macht keinen Muckser und rührt sich nicht. Nina lauscht, aber Felix macht einen Heidenlärm beim Schultascheeinräumen. „Scht", sagt Nina. „Ich hör sonst nichts." Felix schüttelt den Kopf. „Was willst du denn hören?" Nina gibt keine Antwort. Wenn man redet, hört man weniger. Felix sieht Nina an, einen Moment lang lauscht auch er. Aber es gibt nichts besonderes zu hören. Im Wohnzimmer läuft der Fernseher, aus der Küche kommt Geschirrklappern, lauter vertraute Geräusche.

Felix schmeißt das Federmäppchen in die Tasche und schließt sie. „Scht", zischt Nina nochmal. Felix zuckt mit der Schulter, stellt die Tasche neben den Schreibtisch und klettert in das Bett über Nina. Dann knipst er das Licht aus. Nina rührt sich auch jetzt nicht. Mit offenen Augen liegt sie da, lauscht und denkt. Was man alles hört, wenn es still ist. Da knackt es irgendwo im Zimmer, auf der Straße lacht jemand, Mama geht aus der Küche ins Wohnzimmer. „Felix", sagt Nina leise. „Hm", brummelt es von oben. „Hört der liebe Gott wirklich alles?" Felix dreht sich um. „Fragen kannst du", murmelt er. Er war schon am Einschlafen. Nina wartet. Manches Mal muss Felix erst überlegen, bevor er eine Antwort geben kann. Aber es dauert nicht lange. „Ja, sicher, alles", sagt Felix. „Alles auf der Welt?", bohrt Nina weiter. „Sag ich doch", grummelt Felix. Er ist müde und will schlafen. „Wie macht er das?" Nina lässt nicht locker. Sie kann sich das einfach nicht vorstellen. „Er sperrt die Ohren auf", sagt Felix patzig und dreht sich auf die andere Seite. Er hat heute wirklich keine Lust, sich von Nina löchern zu lassen. „Blöde Antwort", schimpft Nina. „Du bist doof." Das hört Felix gar nicht gern. Er geht doch schon in die Schule und weiß viel mehr als Nina. „Also gut", sagt er, „Pass auf. Es ist wie mit dem Radio. Oder wie mit einem Funkgerät, das kennst du doch von Papa. Damit kann er mit Leuten auf der ganzen Welt …"

Nina kichert, dass der liebe Gott ein Radio brauchen soll, damit er was hört, kommt ihr komisch vor. „Lass nur", sagt sie. „Ich weiß schon."

„Was weißt du?", fragt Felix. „Es ist ganz anders", erklärt Nina fröhlich. „Der liebe Gott braucht kein Radio, er hört innen drinnen." Das begreift Felix nicht. „Innen drinnen?" „Es ist wie mit Mama", redet Nina weiter. „Sie hört es, wenn ich traurig bin, oder wütend, oder kuscheln mag. Ich muss gar nichts sagen, sie hört es so, innen drinnen. Und der liebe Gott macht es genauso, ist doch logisch, oder?"

Felix denkt nach, das mit dem Innendrinnen ist kompliziert, außerdem funktioniert es nicht immer. Manches Mal merkt Mama nämlich gar nicht, was mit Nina oder Felix los ist. „Und wenn er, wenn sie … die Mama … nicht hört?" Aber auch darauf weiß Nina eine Antwort: „Dann ist eben Funkstille, Sendepause - innen drinnen!", erklärt sie nachdrücklich.

„Versteh ich nicht." Nina seufzt. Manches Mal ist Felix wirklich schwer von Begriff. „Also", beginnt sie. „Wenn ich nichts sage, kann der liebe Gott auch nichts hören.

Und weil ich jetzt schlafen will, kann ich jetzt nicht mehr über den lieben Gott nachdenken. Sendepause!
Jedenfalls bis später."

Gedruckt auf umweltfreundlichem
chlorfrei gebleichtem Papier

Umschlaggestaltung: Hermann Bausch
unter Verwendung einer Illustration von B. Gotzen-Beek

© Verlag Herder Freiburg im Breisgau 2000
Druck und Einband: Milanostampa S.p.A. – New Interlitho 2000
ISBN 3-451-26195-2